mejor juntos*

* Este libro se lee mejor juntos, adulto y niño.

 **akidsco.com**

a kids book about

un libro para niños sobre

IDENTIDAD

por Taboo

A Kids Co.
Edición Jennifer Goldstein
Diseño Rick DeLucco
Dirección creativa Rick DeLucco
Gestión de estudio Kenya Feldes
Dirección de ventas Melanie Wilkins
Dirección editorial Jennifer Goldstein
Director general y fundador Jelani Memory

DK
Equipo técnico de Delhi Bimlesh Tiwary Pushpak Tyagi, Rakesh Kumar
Edición de producción Jennifer Murray
Control de producción Louise Minihane
Adquisiciones editoriales Katy Flint
Edición de proyectos de adquisición Sara Forster
Dirección de arte Vicky Short
Dirección de publicaciones Mark Searle

De la edición en español
Traducción Nohemi Saldaña
Revisión Fernanda Gómez
Composición y maquetación Sara García
Coordinación de proyecto Lakshmi Asensio
Dirección editorial Elsa Vicente

Publicado originalmente en Estados Unidos,
2025 DK Publishing, 1745 Broadway, 20th Floor,
New York, NY 10019

Publicado en Reino Unido en 2025
Dorling Kindersley Limited, 20 Vauxhall Bridge Road,
London SW1V 2SA
A Penguin Random House Company

El representante autorizado en el EEE es
Dorling Kindersley Verlag GmbH. Arnulfstr. 124,
80636 Múnich, Alemania

Título original: *A Kids Book About Identity*
Primera edición: 2025
001-349846-Sept/2025

ISBN: 978-0-2417-9016-8

Impreso en China

www.dkespañol.com
akidsco.com

*Este libro está dedicado a mis hijos:
Josh, Jalen, Journey y Jett Gomez*

Introducción
para adultos

¿Quién eres tú? ¿Quién soy? Muchas veces, cuando escuchamos esto, simplemente respondemos con nuestros nombres, ¡pero somos mucho más que eso! Cuando te describes a los demás o piensas en quién eres, las palabras se juntan en descripciones que forman lo que llamamos nuestra identidad.

Pero no importa qué tan motivador sea descubrir quiénes somos, es importante recordar que nuestras identidades nos describen, pero no nos definen. Nacemos con algunas identidades y otras las elegimos, pero somos nosotros quienes les damos poder y significado.

Este es un libro sobre mi viaje para descubrir y aprender sobre quién soy y por qué estoy en este hermoso mundo. Lo divertido es que este viaje siempre está cambiando a medida que vivimos cada día. Espero que este libro te ayude a aprender a reconocer las cosas que te hacen ser tú.

¿QUIÉN ERES TÚ?

Cuando escuchas esa pregunta, ¿respondes con tu nombre?

¿O de dónde eres?

¿O dónde nacieron tus padres o abuelos?

¿Con lo que amas?

¿Con tu superpoder?

Tú puedes ser muchas cosas diferentes.

¿Pero sabías que de cualquier forma que respondas, "¿Quién eres?" es parte de tu...

IDENTIDAD.

La identidad es quién eres, la forma en que piensas sobre ti mismo y las cosas que eliges para describirte.

Mi nombre es
JIMMY GOMEZ.

Pero probablemente me
conozcas como **TABOO.**

Mis amigos y familiares me
llaman **TAB.**

Y cuando estoy en mi mundo
y listo para salir al escenario...

SOY TABOO NAWASHA.

¡Yo tengo muchos nombres porque soy muchas cosas!

Yo soy un bailarín, un MC,* y miembro fundador de los **BLACK EYED PEAS**.

*En la cultura hip hop, un MC es otra forma de decir un rapero. Pero yo prefiero que me llamen MC.

Pero la mayor parte del tiempo,

soy el **ESPOSO** de Jaymie.

También soy **PAPÁ** para mis hijos.

Incluso soy **COLECCIONISTA** de juguetes y zapatos deportivos.

Todo esto es parte de mi identidad.

Pero no siempre he sido todas estas cosas.

Yo me crié en la parte **ESTE de LA.***

*LA significa Los Ángeles, una
ciudad en el estado California.

Soy de ascendencia **INDÍGENA** y **MEXICANA**.

Mi abuela representa mi herencia **INDÍGENA**, mientras que mi herencia **MEXICANA** proviene de mi abuelo.

Nanny es como llamábamos a mi abuela.

Ella amaba a su familia y nos enseñó las tradiciones de nuestra gente que le fueron transmitidas a ella.

Eso es parte de mi identidad también.

Donde crecí en California, casi todos tienen raíces **INDÍGENAS** las cuales pueden ser conectadas hasta México.

Esas raíces son otra parte de mi identidad.

Somos **MEXICOAMERICANOS** y nos llamamos **CHICANOS.**

La mayoría de la gente en el este de LA habla *spanglish* (una combinación de inglés y español) y la vida allí es un hermoso mosaico de tradiciones, comida y música...

MEXICANA y

ESTADOUNIDENSE

Mi Nanny bailaba para expresarse, y cuando yo bailo, siento el latido del corazón y el tambor de mis antepasados latiendo dentro de mí.

Eso es parte de mi **IDENTIDAD.**

Ella creía en mí y me presentaba como una verdadera estrella, gritando: "De Los Ángeles, California, recibamos a..."

"JIMMY

Y yo hacía todo un espectáculo en su casa

GOMEZ!" como si estuviera frente a 80 000 personas.

El amor de mi madre y la guía de mi abuela eran todo lo que necesitaba cuando era más joven.

No crecí con mi abuelo o mi papá, así que aprendí sobre mi herencia **MEXICANA** de la gente a mi alrededor.

Y luego mi mamá conoció
a un hombre cuando yo era
un poco más grande.

Con el tiempo nos convertimos
en una familia y, un poco más
tarde, llego mi hermanita.

Gracias a él, aprendí mucho sobre la cultura **MEXICANA**.

El padre de mi hermana era de México y compartió tradiciones increíbles con nosotros, e incluso llevó a nuestra familia a Morelia, Michoacán,* de donde es él.

*Morelia es una ciudad del estado de Michoacán, ubicada en el centro de México. ¡Es la capital y ciudad más grande del estado!

Nanny me dio el regalo de convertirme en **ARTISTA** y **BAILARÍN**, y ahora eso es parte de mi identidad: quién soy.

La pareja de mi madre y la comunidad del este de LA con la que crecí me demostraron que, a veces, se necesita conocer a alguien nuevo para descubrir quién eres.

¿Qué persona en tu vida te ha ayudado a descubrir tu identidad?

La identidad se refiere a quien eres.

PERO NINGUNO DE NOSOTROS SOMOS SOLO UNA COSA.

Ya que nacemos con algunas partes de nuestra identidad.

Y algunas de ellas las elegimos.

Algunas partes de nuestra identidad pueden resultar obvias para los demás.

Y otras pueden estar

OCULTAS.

La gente a tu alrededor también pueden ayudarte en tu viaje para descubrir

QUIÉN ERES,

QUÉ AMAS,

y **CUÁL ES TU VERDAD.**

Pero no es necesario que guardes todos los nombres, palabras o identidades con las que otras personas podrían nombrarte.

Una de las cosas que quiero que conozcas sobre TU identidad...

ES QUE TÚ DECIDES LO QUE ESO SIGNIFICA PARA TI.

Porque la identidad se trata de

SER QUI

EN ERES.

Y no solo eso, también se trata de **SABER** quién eres.

Tu identidad puede ser sobre tu

ORIGEN,

GÉNERO,

PUEBLO NATAL,

ESCUELA,

RELIGIÓN,

o

LO QUE TÚ HAS PERDIDO,

y **LO QUE HAS GANADO**.

Como bailarín y MC, puedo viajar por el mundo y hacer lo que amo.

Puedo mostrar quién soy a muchas personas y represento a mi cultura con mi forma de vestir.

La identidad puede ser cosas como estas también.

Me gusta lucir una **PIEZA TURQUESA** u otros accesorios nativos para expresar mis **RAÍCES INDÍGENAS** y sentir que mis antepasados están conmigo.

No hay mejor sentimiento que ser

Y a medida que crezcas, seguirás descubriendo nuevas partes de ti mismo.

NUEVAS FORMAS DE IDENTIFICARTE.

Algunas de ellas podrían haber estado ahí todo este tiempo.

Algunas pueden comenzar como una semilla que crece con el tiempo, y se hace más grande a medida que crezcas.

Pero la identidad no se forma solo con cosas **FÁCILES** o **DIVERTIDAS**; parte de lo que te da forma son los **DESAFÍOS** que has enfrentado.

Estos desafíos son como gigantes grandes y aterradores que se elevan sobre ti tratando de derribarte.

Por eso a mi me gusta llamarle

"FIGH
GIA

TING NTS."*

Porque, aunque parezcan imposibles de vencer, tenemos la fuerza para luchar y no ceder ante ellos.

*Traducción: Luchando contra gigantes

En el año 2014,
descubrí que tenía cáncer.

Ese fue uno de los **GIGANTES** más grandes contra los que tuve que **LUCHAR**.

No sabía qué hacer, pero mi esposa, hijos y familia sí.

Sin ellos, no creo que hubiera tenido la fuerza para vencerlo.

Sabía que tenía que hacer todo lo que me decían los médicos.

Su medicina funcionó para detener el cáncer, pero debilitó mi cuerpo y, aún más, mi espíritu.

Durante mi viaje de sanación,

RECONECTÉ
con mis raíces Indígenas.

COMÍ alimentos que le dieron la energía necesaria a mi cuerpo.

MEDITÉ Y SEGUÍ mi corazón.

PASÉ TIEMPO al aire libre y desarrollé una fuerte conexión con la tierra.

Y SENTÍ PROFUNDA ALEGRÍA de estar con mi familia y amigos que me aman.

ESTA CONEXIÓN con mi identidad me ayudó a sanar mi espíritu y apoyó la sanación de mi cuerpo.

También recordé lo que mi Nanny me enseñó sobre quién soy. Y eso me ayudó a conectar con una parte de mí que siempre ha estado ahí.

Ahora mi identidad incluye ser un

SOBREVIVIENTE DE CÁNCER,

un defensor de las
COMUNIDADES INDÍGENAS,

y alguien que honra
SU SER POR COMPLETO: MEXICANO e **INDÍGENA.**

Así que ahora que sabes un poco más sobre mí, quién soy y mi identidad...

¿QUIÉN ERES TÚ?

YO SOY:

_____

_____

_____

_____

_____

_____

_____

_____

Conclusión
para adultos

Letras de la canción original "Fighting Giants" por *Taboo*.

Este es un libro sobre la identidad y cómo lucho contra los gigantes.

Sí, déjame contarte acerca de un hombre fuerte que superó todas las cosas que se interponen en el camino por lo que está luchando, pero sigue presionando hasta que encuentra la cura para el odio, las complicaciones, aquellos que no pueden ver que el amor es la mejor cosa que todos podríamos compartir, si nos ponemos de pie hoy, ¡todos tenemos una voz para decir!

Yo solo quiero decirte que todo está bien.

Entonces, seguiré luchando contra gigantes, no importa cuán grandes, pequeños o altos sean, solo dame una buena razón por la cual no podría hacerlos caer. Verás, todo lo que pusiste entre nosotros, parado fuera de las murallas de tu fortaleza y yo, seguiré luchando contra los gigantes hasta que los haga caer.

Déjame contarte sobre un mundo que conozco, donde la gente tiene tanta alma, no importa si eres grande o pequeño. Puedes ser tú mismo si te mantienes de pie. ¡Levántate! Nunca dejes que te desanimen. No hay vuelta atrás porque tu momento es ahora. Deja que brille tu sol. Hoy será perfecto.

Todos tenemos una voz para decir: solo quiero decirte que todo está bien.

Abajo, abajo, abajo. ¡Levántate!

Un libro para niños sobre...

un libro para niños sobre **racismo**

por Jelani Memory

un libro para niños sobre **INMIGRACIÓN**

por MJ Calderon

un libro para niños sobre **IDENTIDAD**

por Taboo